長谷川三千子

を読もう！

GS
幻冬舎新書
388

九条を読もう！／目次

DTP　美創

第一章

誰もが納得する憲法改正を

憲法のどこをどう変えるのか

憲法改正ということが、いよいよ具体的な課題として目の前にせまってきました。「憲法改正」と大臣が口にしただけで大問題となったような時代を覚えている人は、憲法改正が実現しそうだということだけで、大いに満足しているかもしれません。

しかし言うまでもなく、憲法は変えさえすればよいというものではありません。これまでもよく言われてきたとおり、変えたらなお悪くなるような「憲法改悪」は、しない方がよいに決まっています。一番大切なのは、どこをどう変えるのかということです。その際にはまた、なぜ変えなければならないのかということが、誰の目にも明らかになっていなければなりません。

皆さんご存じのように、日本国憲法を改正するには、国会で三分の二以上の議員の賛成によって発議されたあと、国民投票にかけて過半数の賛成を得ることが必要です。これを厳しすぎると言う人もありますが、憲法はその国のもっとも大切な基本となる法典ですから、改正についてある程度厳しい条件をつけておくことは、必要不可欠だとも言えます。(注1)つまり、国民投票をする人の過半数が、たしかにこの条項はどうしても変えなければならない、と納得するような改正であって初めて憲法改正は成り立つ、ということなのです。そして、くり返しますが、これ自体は健全なシステムだと言ってよい。

日本国憲法に欠陥条項が!?

このことを踏まえたうえで、どこをどう変えるべきかと考えてみますと、一つ、ハッキリと言えることがあります。すなわち、人それぞれの好みや、特定のイデオロギーといったものに左右されることなく、誰がどう見ても改正の必要がある、と明確にわかるような条項から変えていかなければならない、ということです。

たとえば、同じ日本国憲法の内側で、互いに矛盾し合うような条項があれば、それはただちに改めなければならない。あるいはさらに、同じ一箇条のうちで、各項が正反対を向き合っているような条項があったとすれば、これはもう、誰が見ても大急ぎで改正しなければならない、ということになるでしょう。

常識からすれば、まさか一国の憲法のうちに、そんなハッキリとした欠陥をかかえた条項が存在しているなどということはありえない、と思われます。ところが、現に、日本国憲法のうちには、そうした欠陥条項がある。それが第九条なのです。

日本国憲法第九条は一項と二項とに分けて書かれています。ふつう、一つの条文が各項に分かれているときは、同じ一つの事柄に関して、互いに補い合うようなかたちで各項の内容が定められています。ところが九条の場合は、一項の内容と二項の内容が正反対を向き合っているのです。一項が全体的、抽象的に語ったことを、二項が詳しく具体的に語っている、というような関係ではない。たとえて言えば、一項が「全速力で走れ」と言っているのに対して二項は「止まれ」と言っている——ちょうどそんなふうにして、完全に矛盾した内容を規定しているのが日本国憲法第九条なのです。(注2)

憲法学者の泣きどころ

まさかそんなことはあるはずがない、と思う方も多いでしょう。実際、このことはあまり広く知れわたっている話ではありません。

その原因の一つは、憲法学者というものの習性のうちにあります。憲法学者をはじめ一般に法学者というものは、すでにある法律や憲法を大前提として、それをいかに整合的に解釈するかが自分たちの仕事であると心得ています。「なんだ、この条項は。一項と二項が完全にソッポを向き合ってるじゃないか。これはただちに片方を削って、きちんと筋の通る条文にしなければいけない」――そんなセリフは、憲法学者たるもの、決して口にしてはならないのです。そういうセリフは「立法論」と呼ばれて、法学者の間ではもっとも嫌われる論とされています。

つまり、いまある憲法や法律の欠陥をあげつらい、さらにその憲法や法律を「こんなふうに直せ」と主張するのは、司法にたずさわる人間たちの仕事ではない。それは「立法府」に身をおく議員たちのつとめである、ということなのです。

たとえば美術評論家が、ある美術作品を批評して、「なんだ、この雲の描き方は。これはこんなふうに描かなくてはいかん！」と言って、勝手に描きかえてしまったら、とんでもないことになります。法学者たちが「立法論」を嫌うさまは、ちょうどそれに似たところがあって、それ自体は、ある意味で尊重すべき態度だとも言えるのです。

けれども、現に現行憲法の条項に欠陥があるようなときには、そうした学問的禁欲の姿勢がかえって裏目に出てしまう。たとえば、いま日本の大学の憲法を講じる授業でもっともよく使われているという、芦部信喜氏の『憲法』(岩波書店)においても、さまざまの九条解釈が紹介されていますが、これは欠陥条項である、と断言する説は一つもありません。一項と二項の規定に差があることは、どの学者も認めつつ、一項の方に引きつけたり、二項の方に引きつけたりして、なんとか全体を一つながりのものとして解釈すべく、四苦八苦しています。

たしかに、二項の冒頭には「前項の目的を達するため」という一言があるので、そこからすれば、両者をつなげて読むべきであるとも言えるのですが、九条の条文を虚心《きょしん》坦懐《たんかい》に読んでみますと、一項と二項の差は、「差」などという生やさしいものではない。一項を守れば二項が守れず、二項を守ったら一項は守れなくなるという、いわば相互破壊的な関係にある。常識的に考えると、両者はとうていつなぎ合わせうるものではないのです。

しかし憲法学者たちは、そうした「常識論」を語ってはいけないことになっている。それをつきつめてゆくと、どうしても「立法論」になってしまうからです。

ですからわれわれは、どこまでも憲法学者たちの専門的な知識と方法論を尊重しつつ、他方では、専門的なるがゆえの束縛から自由な「素人の目」を生かして、虚心に日本国憲法第九条を読んでゆきたいと思います。


それでは、実際に日本国憲法第九条の条文をじっくり読んでゆきましょう。

まずは次のページをご覧ください。日本国憲法の前文と第九条です。よく、九条をきちんと理解するためには、前文を参照しながら読まなければいけない、と言われますが、これは正しい心得です。九条だけを読んでいたのではいま一つハッキリしないところが、前文と共に読むとよくわかるのです。そして前文の方も、やはり九条と同じく、まったく反対を向き合った内容を二つながらに含んでいます。対応がわかりやすいように、一項に対応する部分には実線で、二項に対応する部分には点線で、傍線を引いておきました。

日本国憲法

［前文］（前略）日本国民は、恒久の平和を念願し、人間相互の関係を支配する崇高な理想を深く自覚するのであつて、平和を愛する諸国民の公正と信義に信頼して、われらの安全と生存を保持しようと決意した。われらは、平和を維持し、専制と隷従、圧迫と偏狭を地上から永遠に除去しようと努めてゐる国際社会において、名誉ある地位を占めたいと思ふ。われらは、全世界の国民が、ひとしく恐怖と欠乏から免かれ、平和のうちに生存する権利を有することを確認する。

われらは、いづれの国家も、自国のことのみに専念して他国を無視してはならないのであつて、政治道徳の法則は、普遍的なものであり、この法則に従ふことは、自国の主権を維持し、他国と対等関係に立たうとする各国の責務であると信ずる。

日本国民は、国家の名誉にかけ、全力をあげてこの崇高な理想と目的を達成することを誓ふ。

［第九条］日本国民は、正義と秩序を基調とする国際平和を誠実に希求し、国権の発動たる戦争と、武力による威嚇又は武力の行使は、国際紛争を解決する手段としては、永久にこれを放棄する。

2　前項の目的を達するため、陸海空軍その他の戦力は、これを保持しない。国の交戦権は、これを認めない。

第二章
九条一項を読む

カギを握る「不戦条約」

まず、九条一項から始めましょう。一項の条文は、次のように書かれています。

「日本国民は、正義と秩序を基調とする国際平和を誠実に希求《ききゆう》し、国権の発動たる戦争と、武力による威嚇《いかく》又は武力の行使は、国際紛争を解決する手段としては、永久にこれを放棄する」

まったく予備知識なしにこれだけを読むと、たしかに九条一項もすべての戦争を放棄し、一切の武力行使を放棄しているように思われます。しかし、憲法の条文を読むにはそれなりの作法というものがあって、条文の字面《じづら》だけを読んでいてもダメなのです。前文を参照するだけでなく、それと深いかかわりを持つ条約や文書といったものも参照しつつ解釈していかなければならない。そのあたりの作法については、大いに専門家に学ぶ必要があります。

では、この一項を解釈するのには、どんな文書を見ることが必要なのでしょうか。

一九二八年に署名され、翌二九年に発効した「不戦条約」――これが第一項を解釈するうえでのカギを握っています。この不戦条約で一番大事なのは第一条で、これがいわば「本文」です（不戦条約が成立した背景については、豆知識①をご参照ください）。

不戦条約
［第一条］締約国ハ、国際紛争解決ノ為戦争ニ訴フルコトヲ非トシ、且其ノ相互関係ニ於テ国家ノ政策ノ手段トシテノ戦争ヲ抛棄スルコトヲ其ノ各自ノ人民ノ名ニ於テ厳粛ニ宣言ス

すぐ見てわかるとおり、九条一項の「国際紛争を解決する手段としては、永久にこれを放棄する」という文言は、明らかにこの条文の「国際紛争解決ノ為戦争ニ訴フルコトヲ非トシ」の表現を踏襲しています。日本国憲法ばかりではありません。同じ時期に制定されたイタリア憲法や旧ハンガリー憲法でも、この同じ表現が使われている。言うならばこれは、第二次大戦後の旧枢軸国の憲法における平和条項の決まり文句となってい

るというわけなのです。

不戦条約の戦争放棄は全面放棄ではない

ここで大事なのは、これがどのような戦争放棄を示しているのか――全面的な戦争放棄なのか、さまざまの条件つきの戦争放棄なのか、ということです。

それについては、まず、この条約の前文を見てみる必要があります。

不戦条約

［前文］人類ノ福祉ヲ増進スベキ其ノ厳粛ナル責務ヲ深ク感銘シ、其ノ人民間ニ現存スル平和及友好ノ関係ヲ永久ナラシメンガ為、国家ノ政策ノ手段トシテノ戦争ヲ卒直ニ抛棄スベキ時機ノ到来セルコトヲ確信シ、其ノ相互関係ニ於ケル一切ノ変更ハ、平和的手段ニ依リテノミ之ヲ求ムベク、又平和的ニシテ秩序アル手続ノ結果タルベキコト、及今後戦争ニ訴ヘテ国家ノ利益ヲ

増進セントスル署名国ハ、本条約ノ供与スル利益ヲ拒否セラルベキモノナルコトヲ確信シ
（後略）

前文は、各国が「平和的手段ニ依リテ」その関係を調整すべきであることを語ったうえで、次のように述べています――「今後戦争ニ訴ヘテ国家ノ利益ヲ増進セントスル署名国ハ、本条約ノ供与スル利益ヲ拒否セラルベキモノナルコト」。すなわち、自分たちが攻撃されてもいないのに、勝手に自国の利益のために他国に戦争をしかけるような国があったなら、その国に対しては戦争をしてもよい、ということです。いわゆる「制裁戦争」はこの条約によっても放棄されていないということになるのです。

そして、この考え方はそのまま、第二次大戦直後につくられた、国連憲章にも引き継がれています。国連憲章では、まず第六章で、「紛争の平和的解決」がうたわれていますが、第七章では、「平和に対する脅威、平和の破壊及び侵略行為」があったとき、「非軍事的措置」が有効でなかった場合には、安全保障理事会は「空軍、海軍または陸軍の

行動をとることができる」と定められています。つまり、いちおうのステップを踏みながらも、制裁戦争は決して否定していない、ということです。
さらに重要なのは、自国が攻撃されたときの「自衛戦争」はどうなるのか、ということですが、これは、この不戦条約につけられた「アメリカ合衆国政府公文」なる文書によって保障されています。そこには次のように語られています。

アメリカ合衆国政府公文（抜粋）
不戦条約の米国案は、いかなる形においても自衛権を制限し又は毀損するなにものも含むものではない。この権利は各主権国家に固有のものであり、すべての条約に暗黙に含まれている。各国は、いかなる場合にも、また条約の規定に関係なく、自国の領土を攻撃又は侵入から守る自由をもち、また事態が自衛のための戦争に訴えることを必要とするか否かを独自に決定する権限をもつ。

まず、前半の「不戦条約の米国案は、いかなる形においても自衛権を制限し又は毀損《きそん》するなにものも含むものではない。この権利は各主権国家に固有のものであり、すべての条約に暗黙に含まれている」に注目しましょう。

ここでは、どんな条約が結ばれたにしても、その条約が各国の自衛権を侵害することはありえない、自衛権はありとあらゆる条約以前の基本的な国家の権利だということが、明確に表現されているのです。しかも、ここに言われる「固有の」という言葉（英語ではinherent）はとても強い言葉であって、それなしには、人であれ、国家であれ、存立しえないような、本質的で重要な要素を指して言う言葉です。自衛権というものがいかに重視されているかがよくわかります。

さらに、続く一文も大事です。

「各国は、いかなる場合にも、また条約の規定に関係なく、自国の領土を攻撃又は侵入から守る自由をもち、また事態が自衛のための戦争に訴えることを必要とするか否かを独自に決定する権限をもつ」

たとえば、実際問題として、この不戦条約を結んだ日本がハル・ノートを突きつけられて、日本の自存自衛のためにこれを呑むことは絶対にできない、日本は戦うしかないと決意したら、これは不戦条約において保障された自衛の権限の範囲内ということになります。どんな国も、独自にそういう判断をして戦う権利を持つ、というのがこの公文の趣旨なのです。

この考え方は、国連憲章第五十一条にも生かされています。つまり、基本的に制裁戦争は国連が行うのですが、しかし、どこかの国が攻撃された場合、その国は安全保障理事会の決定が出るまでじっと待っている必要はない。「この憲章のいかなる規定も」その国の「個別的又は集団的自衛の固有の権利を害するものではない」と定められている。この第五十一条はまったく同じ発想を引き継いでいるわけです。

当然、日本国憲法を解釈するうえでも、第九条一項が「国際紛争を解決する手段としては、永久にこれを放棄する」としている「戦争」は、このような自衛のための戦争ではない、ということがハッキリと言えます。

豆知識①――不戦条約

この不戦条約は「ブリアン＝ケロッグ条約」とも呼ばれます。ブリアンは時のフランス外務大臣、ケロッグはアメリカ国務長官の名です。

第一次大戦後、アメリカでは戦争反対の気運が大いに盛り上がります。そしてあとでお話しするような、サーモン・レヴィンソンらの、戦争を違法化してしまおうというラディカルな平和運動もあらわれて、これが人気を集めたりしていました。

一方フランスは、第一次大戦で戦ったドイツと国境を接しています。アルザス・ロレーヌをドイツから奪い取り、きな臭い状況のなかで、フランスは軍備増強を始めます。このフランスの軍国主義に対する懸念が、当時アメリカではかなり盛り上がっていました。

フランスの外務大臣は、そのアメリカの懸念を敏感に感じ取り、平和協定を結ぶことをアメリカに持ちかけました。ところが、当時アメリカは、ヨーロッパの政治的、軍事的なごたごたから一歩離れていたいという孤立主義、いわゆるモンロー主義的な政策が主流になっていました。一国対一国の平和協定は、実質的には軍事同盟になりますので、これは当時のアメリカとしては結べない。そこで、頭を絞った国務長官ケロッグが、多国間の国際的な条約として平和条約をつくりましょうと提案します。

すると、今度はフランスの方が困ってしまいました。フランスは当時ロカルノ条約で、複数の国と軍事同盟を結んでいます。軍事同盟を結んでいる国が国際的な平和条約を結ぶのは矛盾してしまう。ですからフランスは、侵略戦争をしないという国際条約を結ぼう、と持ちかけたわけなのです。

ところがアメリカは、最初のフランスからの提案に侵略戦争という文言が入っていなかったので、そのままでいこうと言う。そこでフランス政府は、やむをえず本文はそのままで、条約の戦争放棄は自衛権を害するものではないこと、戦争放棄の義務に違反した国に対しては他国も戦争放棄の義務にしばられないこと、等々の保障を求めました。それが、前文やアメリカ合衆国政府公文というかたちでつけ加えられたわけです。

したがって、本文こそ、ただ端的な戦争放棄の規定と見えますが、不戦条約全体としては、自衛戦争を認め、制裁戦争も認めている条約と見るのが正しいのです。

不戦条約と国連憲章は無視できない

もし仮に、こうした不戦条約や国連憲章の規定を一切無視して、この九条一項が全面的に戦争を放棄しているのだとすると、日本国憲法は完全に国際法に背を向けた憲法である、ということになってしまいます。そしてそれは、日本国憲法にうたわれる、わが国の基本姿勢に反することにもなるのです。

たとえば、日本国憲法第九十八条「最高法規」の二項には、こう定められています。

「日本国が締結した条約及び確立された国際法規は、これを誠実に遵守することを必要とする」

わが国は一九二九年に「不戦条約」を批准していて、それは現在も有効ですし、国連憲章には一九五六年に加入しています。どちらも、全面的な戦争放棄を禁じているわけではありませんが、少なくともその基本原則を尊重するなら、全面的戦争放棄はありえないと考えるべきでしょう。

国際社会の常識をうたう憲法前文

そのことについて、さらに明確に語っているのが憲法前文の次のような一節です。

「われらは、いづれの国家も、自国のことのみに専念して他国を無視してはならないのであって、政治道徳の法則は、普遍的なものであり、この法則に従ふことは、自国の主権を維持し、他国と対等関係に立たうとする各国の責務であると信ずる」

ここに言う「自国のことのみに専念して他国を無視してはならない」という表現は、なんだか曖昧で、どうにでもとれるといった言い方ですが、これは二つの側面をあらわしていると読むことができます。

一つは言うまでもなく、先ほど見た不戦条約前文との直接的なかかわりです。そこでは「今後戦争ニ訴ヘテ国家ノ利益ヲ増進セントスル」国に対しては制裁の戦争も辞せず、という内容が語られていました。つまり、この条約の締約国としての日本は、「戦争ニ訴ヘテ国家ノ利益ヲ増進」する、などといった利己的なふるまいはしないのだ、という意味が、ここにはこめられています。

と同時に、このような利己的かつ暴力的な国家が出現した場合には、直接に自分たちが攻撃されているわけではないのだから知らん顔をしておこう、というような姿勢ではいけない。「正義と秩序を基調とする国際平和を誠実に希求」する国家としては、不正な暴力国家に制裁を加える活動にも、積極的に参加する義務がある。いわゆる「一国平和主義」ではいけない、ということなのです。

こうした二十世紀の不戦条約や国連憲章の原則を、両側面にわたって尊重する、というのがこの前文の一節なのだと言ってよいでしょう。

たかだか二十世紀になってできあがった国際条約の原則を指して「政治道徳の法則は、普遍的なものであり」と言うのも大袈裟な気はしますが、たしかにこのような考え方――人類は平和を目指すべきであるけれども、そこにおいて自衛戦争と制裁戦争の可能性は残しておかなければならない――は、十五、六世紀の近代国際法の出発点から一貫して続いてきた基本的な発想です。(注3) 十九世紀なかばに開国し、近代国際社会に参入して以来、わが国も基本的にこの考えを認めてきたわけであって、現行憲法がそれを引き継いでいるのは少しも不自然なことではありません。

主権の維持という責務

そのことがさらに明確に示されているのが、前文のこの一節の最後の部分です。

「この法則に従ふことは、自国の主権を維持し、他国と対等関係に立たうとする各国の責務であると信ずる」

ここに「主権」という言葉が出てきます。詳しいことは、「豆知識②」を見ていただきたいのですが、一口に言えば、「主権」とは、その国の独立を支えている力――他からの介入に屈しない力――のことを言う言葉なのです。つまり「力」の存在しないところに「主権」はない。あるいは「力」の発揮が完全に封じられているところには「主権」はありえない。先ほど見た、不戦条約の付属文書のなかで、自衛権を「主権国家に固有のものであり」すべての条約以前の権利として保持されるべきであると述べられていたのも、まさにそのためなのです。

十六世紀にこの「主権」という言葉が定義されて以来、理論上、どんな小さな国家にも「主権」が認められなければならない、ということが近代国際法の基本となってきました。しかし、いくら理論上、自国の主権が認められているからと言って、なんの国防努力もせずにふんぞり返っていたのでは、そんな国はあっという間に他国に呑みこまれて主権を失ってしまいます。「主権を維持し、他国と対等関係に立」つためには、ちゃんとそれなりの努力が必要なのです。この一節は、そういう国際社会の原則と現実について、実に明確に語っているのです。

豆知識②――主権

西洋近代の政治思想を理解するうえで、この「主権」という言葉はもっとも重要なキーワードです。日本語で「主権」と訳すと、なんだかとても抽象的、理念的な概念のように聞こえますが、実はこの言葉はもともと、「最高の力」という意味をあらわしていたのです。

中世のヨーロッパにおいて、国王というものは当然その王国のなかで「最高の力」の持ち主のはずなのですが、国の外にはローマ法王という最高の権威が存在し、さらに複雑なことには、帝国というかたちで各国をしばる「皇帝」が存在する。しかも国内では、封建領主たちが各々《おのおの》の地域の慣習法をたてにとって、ことあるごとに反抗する――ヨーロッパの国王は、まことに苦しい立場におかれていたのです。ことに十六世紀からの宗教戦争の時代、そうした状況は、国家の危機をのり切ることを不可能にしてしまうおそれすらありました。

これを憂慮したフランスの法律家ジャン・ボダンは、あらためてこの「主権《シュプレーマス》」という言葉を明確に定義づけます。まず、外に対しては「国家の絶対的で永続的な権力」としての主権。

すなわち、外からの干渉を受けずに国政を行い、領土を保全する、独立国家としてのあり方を支える力、ということです。そして国の内側では「市民や臣民に対して最高で、法律の拘束を受けない権力」としての主権。いわゆる「君主主権」と呼ばれる政治のかたちです。「法律の拘束を受けない」と言っても、君主が好き勝手をしてよいということではない。現実問題として、各地方の慣習法に制約されて、国家全体での危機対応ができないことを避けるため、というのが本筋だったようです。

やがて十八世紀の後半、この「君主主権」が覆《くつがえ》されて「国民主権」となる。「最高の力」の持ち主は逆転して「市民や臣民」がそれを握ることになりますが、「主権」の概念そのものに大きな変わりはありません。「法律の拘束を受けない権力」は、「法律を制定する権力」として理解されるようになりますが、そこでもそれが「力」の概念であることは少しも変わっていません。

だからこそ、「不戦条約」でも、各国に最低限の「力」の保持と行使の権力を認めないわけにはいかなかったのです。一口に言って、近代国際社会というものは、国の外でも内側でも、「力」の概念を柱として成り立っています。そして、そのことを一語のうちに体現しているのが、この「主権」という言葉なのです。

「名誉ある地位」を占めるには

このような国際社会の原則と現実を、さらにいっそう積極的なかたちで語っているのが、前文のもう一つの実線を引いた部分です。

「われらは、平和を維持し、専制と隷従《れいじゅう》、圧迫と偏狭を地上から永遠に除去しようと努めてゐる国際社会において、名誉ある地位を占めたいと思ふ」

実際に、いまも私たちが見聞きしているとおり、地球上のあちこちで「専制と隷従、圧迫と偏狭」が渦巻き、たくさんの人間が殺し合っています。そういうところで平和を維持するためには、結局のところどうしても軍事力が必要となります。単に自分たちが他国を圧迫したり隷従させたりしない、というだけでは「名誉ある地位」は得られません。

しかも、本当に国際社会で名誉ある地位を占めるためには、ただ軍事力を持っているというだけではダメで、常に最新鋭の兵器を整備し、それを使いこなす高い練度を持つ軍隊が不可欠です。つまりここでは、先ほどの一節で語られたより、いっそう積極的な努力が必要だということになるのです。

積極的な平和希求こそが「九条遵守」

こうして見てくると、九条一項は次のような規定であるということが明らかになります。

まずはもちろん、これが「国際平和を誠実に希求」する、平和条項であること。ただしそれは、単に自分たちが自国の利益のための戦争を他国にしかけない、ということで満足するような〈消極的平和主義〉ではなく、力と力のせめぎ合う国際社会の現実のなかで、正しく判断をはたらかせて、「正義と秩序」にもとづく世界平和の実現に努力を惜しまない――そういう積極的な平和希求の条項なのだということです。

したがって、この一項をもとに「九条遵守《じゅんしゅ》」とはどういうことかを考えるなら、国際法を常に守りつつ、わが国の主権保持・防衛のためにも、世界の正義と平和維持のためにも、充分な戦力と気概とを持つこと――これこそが「九条遵守」なのだということになるでしょう。そしてこれはきわめてまっとうな近代国家のあり方だと思われます。(注4)

第三章 九条二項を読む

びっくり仰天の条文

次が問題の第二項です。

冒頭に「前項の目的を達するため」とあります。

前項の目的を達するためには、いま見たとおり、まず、しっかりとした軍事力を備えること。そして、国民の防衛意識、国民の平和貢献の意識をしっかりと保持すること——次に続く文言を何も知らずに読み始めれば、そんな必要事項がかかげられることになるのだろうと予想されます。

ところが次に何が続くかというと、「陸海空軍その他の戦力は、これを保持しない。国の交戦権は、これを認めない」——必要不可欠のものをすべて投げ捨てよ、と言っている。これはまったくびっくり仰天《ぎょうてん》の条文です。

先ほど一項の条文を読むときには、憲法の条文はただ字面をたどって読むだけでは不十分で、それが典拠としている既存の文書をいろいろ参照する必要がある、憲法の条文解釈の〈作法〉というものがある、などということを申しました。しかし、この二項の条文に関しては、作法もへったくれもない。読んで字のごとし。日本が持つことのできる戦力はゼロ。日本が戦争をする権利も認められない。ただ端的にそれだけを語っている条文なのです。

幻の用語「交戦権」

ただし、ここで一応の解説を必要とするのが「交戦権」という言葉です。

これはいかにも国際法上の正式の用語のように見えますが、手近な国際法辞典をひいてみても、「交戦権」の項目はなく、その正式な定義ものっていません。(注5) あとでお話しするとおり、日本国憲法の原案を起草したのは、日本を軍事占領していた連合国総司令部の民政局の職員たちだったのですが、その憲法起草チームのリーダー自身、のちのインタヴューに答えて、「交戦権」の意味は「わかりません」と述べています。しかも、このリーダーはロースクールの出身者で、国際法にも明るい人なのです。

なんとも不可思議な話ですが、実はこれは簡単なことなのです。

二十世紀に入ってからの国際法の世界では、少しでも戦争の惨害を減らすことができるようにと、「交戦法規」というものがさまざまに規定されるようになりました。捕虜に対する非人道的な扱いの禁止とか、「不必要ノ苦痛ヲ与フヘキ兵器、投射物」の使用禁止等々の規制がいろいろ定められ、また一方では、戦時には「敵国または敵国占領地の港および沿岸に限り」封鎖をすることが認められたりしています。ただしそれらの法規はすべて、もっとも基本的な「交戦権」を大前提としたうえでの話です。つまり、どんな国もそもそも戦争をする権利を持ち、戦時には敵を殺しても殺人罪に問われない、といった基本的な「交戦権」は、あまりにも自明の大前提なので、いまさら定義づけられることもなかった、というわけなのです。

国際法にも明るいロースクールの出身者が、「交戦権」の定義を知らなかったというエピソードは、むしろそれがいかに自明の大前提とされてきた基本的な概念であるか、そのあかしと言ってよいでしょう。

したがって、それを「認めない」ということになると、これはたいへんです。「国の交戦権」が認められていないのですから、当然、国民も誰一人として正式の「交戦員」として認められません。そうしますと、たとえば国内に攻めこんできた敵を国民の誰かが竹槍で刺し殺したら、これはただちに殺人罪に問われる（あるいは過剰防衛で起訴される）ということになる。

この「交戦権」の否認は、戦力の不保持以上に徹底した、自己防衛の放棄です。「豆知識③」を見ていただければわかるとおり、「戦力不保持」に近い規定を持った憲法は他にも存在しますが、「交戦権」を否認した憲法はない。そんなことをしたら、敵が攻めてきたならば国民はただ殺されるしかない、ということになってしまうからです。(注6)

豆知識③――コスタリカ、パナマの憲法も戦力不保持?

いま見てきたとおり、九条二項はそれ自体としてもきわめてトンデモナイ内容の規定なのですが、これを世界の他の国々の憲法と比較してみると、その「ユニーク」ぶりがくっきりと際立って見えてきます。これについては、辻村みよ子氏の『比較のなかの改憲論』（岩波新書）が非常によい参考となりますので、その中身をご紹介してみましょう。(注7)

まず、世界のうちで成文の憲法典を持つ一八八カ国のうち、なんらかの平和条項を持つ国は一五八カ国にのぼります。もちろんその内容はさまざまで、中華人民共和国憲法のように、単に前文で「相互不可侵」「平和共存」をうたっているだけのものもあれば、コスタリカやパナマの憲法のように、常備軍や軍隊の禁止を明記した憲法もあります。辻村氏が注目するのは、このコスタリカ、パナマの憲法なのですが、それをよく見ると、かえってわが国の九条二項がいかに異常なものかがくっきりとうかび上がってくるのです。

両国の憲法と九条二項との決定的な相違は、そこで「国防」ということ、国家の「主権」の維持ということがどれだけ重要なものとして認識されているか、という点です。

たとえばコスタリカの憲法では常設の軍隊が禁止されていますが、地域協定による要請の他には、「国の防衛のためにのみ軍隊を組織できる」と定めています。また、パナマの憲法では、「軍隊を保有しない」ことが定められている一方で、「すべてのパナマ人は、国の独立と領土保全のために武器をとることが求められる」と規定されている。まさに国家の「主権」を守るためには国民すべてが戦う義務を負わされている、という規定なのです。

そもそもこれらの国々で常備軍や軍隊保有が禁じられているのは、辻村氏の解説するとおり「近隣諸国で紛争やクーデターが絶えない地域に」ある、ということが大きくかかわっています。

すなわち、そうした不安定な政情の地域では、自国の軍隊が反対勢力にのっとられ、クーデターを起こされてしまうと、あっという間に自国の主権を奪われてしまうことがある。自国の主権を守るためにあるはずの軍隊が、正反対の意味を持ってしまう危険があるのです。

したがって、これらの国々の軍隊保有禁止とわが国の九条二項の戦力不保持とでは、まったく意味が違うのです。そしてもちろん、自国の独立と領土保全のために立ち上がったパナマ人に、「交戦権」が認められることは言うまでもありません。

九条二項は日本国憲法を破壊する

いまあらためて、この九条二項を条文どおりに遵守したとするとどういうことになるのかを考えてみましょう。まずもちろん、一項にハッキリと約束していた「正義と秩序を基調とする国際平和を誠実に希求」するということが不可能となることは、明らかです。そのために必要な手段も権利も一切放り投げてしまうというのですから。

しかし、それだけではありません。それよりもさらに根本的でさらに深刻な、二つの大きな問題が生じてきます。

まずその第一は、日本国憲法そのものが、根底から成り立たなくなってしまう、という問題です。

日本国憲法は基本的人権の尊重、国民主権、平和主義を三つの柱として成り立っている——これは誰もが小、中学校で教わったところです。ところが、九条二項を文字どおりに守ったならば、これら三大原理は成り立たなくなってしまうのです。

基本的人権の尊重については、日本国憲法はまず第十一条で「国民は、すべての基本的人権の享有を妨げられない」と一般的に語ったあと、第十三条でその具体的内容をこう述べています——「生命、自由及び幸福追求に対する国民の権利については、公共の福祉に反しない限り、立法その他の国政の上で、最大の尊重を必要とする」。そしてもちろん、このなかで国家がもっとも責任を持って守らなければならないのが、国民の「生命」です。

実は、この〈国民の生命を守ること〉こそは、近代民主主義の思想において、もっとも基本となる国家の役目なのです。十七世紀イギリスの哲学者トマス・ホッブズが初めて理論化した、いわゆる「社会契約説」と呼ばれる理論は、そのつながりをこんなふうに説明しています。

誰であれ、この世に生きている人間は、自分の生命を保つということについての自然の権利を持っている。しかし、各人がその「自然権」をふり回し、それぞれ勝手に自分の生命を保持しようとしたら、この世はとめどもない個人同士の争いに陥ってしまう。皆が自分の生命についての自然の権利を、国家（共通の利益をはかるべき、最高の力を持つ機関）へとあずけ渡し、その「最高の力」（主権）でもって各人の生命をしっかりと守ってもらう。こういう契約によって国家は成り立ちうるのだ――。

もちろん、この説明はいわば思考実験による架空の話として語られたものなのですが、やがて、これが基本となって、近代民主主義の「人権」という考え方が生まれます。(注8) つまりもっとも基本的な「人権」の核心は、国家が国民一人ひとりの生命の安全を確保する、というところにあるのです。

そしてもう一つ重要なことは、その大切な使命が、近代民主主義国家の「主権」の根拠となっている、ということです。あの不戦条約のアメリカ合衆国政府公文にあったとおり、自衛権が「各主権国家に固有のもの」として認められているのは、もしそれを奪い去ってしまったら、どの国も自国の国民の生命を保障することができず、そんな条約を「各自ノ人民ノ名ニ於テ」宣言することなど不可能だからです。

ところが、九条二項はそのような〈国民の生命を守ること〉の手段と権利とを奪い去っています。先ほど説明した「交戦権」とは、言うならば国民たちが自ら戦って自らの生命を守る権利なのですが、これが認められないということは、まさしく国家が国民一人ひとりの生命保全の権利を奪い去っているということになる。[注9] 九条二項は、基本的人権の尊重という原理を根底から叩きこわしているのです。

このことは、当然、日本国憲法のもう一つの基本原理である「国民主権」にかかわってきます。これはしばしば、国王が国内政治における最高の力を持つ「君主主権」と対比して、国民が最高の力を持つという民主主義の重要な理念なのだ、と説明されます。そして、現実に最高の力を託されている政府に対して、常にその力をチェックし、しばしばる力を国民が保持している――これが国民主権であり、また近代民主主義憲法における

「立憲主義」というものなのだ、と説明されます。

これらの説明自体はすべておおよそ正しいのですが、ただ、その大前提となる重要なことを忘れてはなりません。すなわち、「国民主権」であれ「君主主権」であれ、そもそもその国の「主権」が存在しない状態では、まったく空虚な概念になってしまう、ということです。

先ほど見たとおり、「主権」とは「最高の力」という概念です。したがって「力」がゼロの状態では「主権」は成り立ちえないのです。

もし仮に、国家に一切の「力」がない状態とはどんなものかを想像してみたとすると、それはちょうど、国家が戦争に敗れて武装解除され、占領下におかれて独立を奪われ、一切の政治決定権を奪われた状態にあたります。もちろんそんな状態のもとでは、占領者が一切の政治決定権を握りますから、「国民主権」の存在する余地はありません。

九条二項の戦力不保持は、まさしくそういう状態を実現する規定なのです。

もしも日本国憲法の「平和主義」を九条二項の遵守としてとらえるなら、わが国現行憲法の三大原理は、第三の原理である「平和主義」が第一と第二の原理を破壊するという、相互破壊的なとんでもない三大原理だ、ということになってしまうのです。

しかし、次なる問題は、はたして九条二項を「平和主義」と呼ぶことが可能なのか。九条二項は、「平和」そのものにとっても破壊的な力をふるうのではないか、ということです。これについてもよくよく考えてみる必要があります。

九条二項は平和を破壊する

たしかに、もっとも徹底した平和主義を唱える人々は、九条二項こそが真の平和主義なのだ、と主張します。

過去の数々の戦争の歴史をふり返ってみると、どの国も、これは自衛のための戦争だ、制裁のための正しい戦争だ、と言って戦争を始めている。そしていざ戦争になってしまえば、人が人を殺しても罪になるどころか英雄とたたえられ、無数の人間が血と泥にまみれて死んでゆく、という現実があるのみ。戦争が人類最大の愚行であるということがわかっていても、それを断ち切ることができないのは、九条二項のような思い切った戦争放棄を誰もしようとしないからである。わが国はせっかく、世界に先がけてこうした完全なる戦争放棄規定を持っているのだから、解釈改憲などでウヤムヤにすることなく、真正面から九条二項をかかげてつき進むべきである――こうした主張がしばしば語られて、ここにはたしかに、聞く人を深くうなずかせるものがあります。

しかし、ただ一つ、この主張が見落としている重大なことがある。それは、このような徹底した戦争放棄、戦力不保持は、ある一国の憲法規定にしてしまってはダメだ、ということなのです。

実は、まさに九条二項を先取りしたような、完全な戦争放棄――「戦争違法化」――の理論が、第一次大戦後のいわゆる戦間期に、アメリカで唱えられたことがありました。

ただし、「豆知識④」を見ていただければわかるとおり、このような全面的な戦争放棄、戦力不保持が世界平和と結びつきうるのは、それが世界全体のシステム変革として行われるかぎりにおいてのことなのです。もし仮に、一国だけがそのようなことをしたとすれば、それは単に、この国際社会のなかに軍事の空白地域が一つ出現する、ということに他ならず、それは世界平和への第一歩どころか、世界平和にとってもっとも危険な事態をひき起こしてしまうのです。

そもそも国際社会における「平和」とは、いかなる「力」も存在しない状態のことではありません(もし仮にそのような「平和」がありうるとして、地球上にそうした「平和」が訪れるのは、地球上のすべての生物が死に絶えたのちのことでしょう)。力と力とがせめぎ合う、この国際社会の現実のなかで、「平和」とはどんな状態のことなのかと言えば、それは〈力と力とが均衡を保っている状態〉以外ではありません。ですから、そのなかに軍事の空白地域が生じることは、ある一国の軍事的突出と同じくらい——いやそれ以上に危険なことなのです。九条二項は、もしそれが条文どおりに守られるなら、「平和条項」どころではない。「平和破壊条項」そのものとなるのです。

「平和破壊条項」であり、かつ「憲法破壊条項」である——これが日本国憲法第九条二項の真相です。

となると問題は、いったいどうしてこんなとんでもない条項が日本国憲法のうちにまぎれこんでしまったのか、ということになります。そして、その「いったいどうして?」を問いつめてゆくと、われわれはさらに恐ろしい事実と向き合うことになるのです。

豆知識④──「戦争違法化」の思想

国際法の歴史のなかで、人々が戦争の悲惨さというものをとことん身にしみて痛感し、二度とこのような災厄をくり返してはならない、と考え始めたのは、第一次世界大戦の体験を通じてであったと言うことができます。先ほど見た「不戦条約」もそのあらわれの一つですし、国際連盟が創設されたのも、やはりそうした願いを背景にしてのことであったと考えてよいでしょう。しかし、そのなかでもっとも徹底していたのが、一九二〇年代のアメリカで起こった、「戦争違法化（outlawry of war）」の運動でした。

これは従来のように、戦争をいくつかに分類して、それを「許される戦争」と「許されざる戦争」に分けるのでもなければ、また十九世紀に主流となったように、戦争自体を分類するかわりに、戦時の害敵行為をさまざまに規制することによって、少しでも戦争の悲惨さをやわらげようとする、というのでもありません。戦争というシステムそのものを丸ごと「違法化」してしまおう、というのがこの運動の際立った特色でした。

この運動の主唱者サーモン・レヴィンソンは、これを決闘という制度になぞらえて説明しています。かつては決闘が合法的なものとされて、争いを決闘で解決しようとして命を落とす人がたくさんいた。しかしいまでは決闘は違法とされていて、あえて行えば殺人の罪に問われる。それと同様に、世界中で戦争が違法化されれば、争いを戦争で解決しようとする道をふさぐことができるはずだ――この主張は、「戦争違法化」という大胆なスローガンとあいまって、一九二〇年代のアメリカで多くの支持者を集めたのでした。

言うならばこれは、日本国憲法第九条二項の交戦権否認の世界ヴァージョンというわけです。そしてまた、交戦権の否認は、こうした世界全体のシステム転換として行うのでなければ意味がない。さもないと単なる軍事空白地域を一つこしらえることにしかならないからです。

しかし、このラディカルな〈戦争というシステムそのものの否定〉が実現されることはありませんでした。現実問題として実現不可能だったというだけでなく、「主権」（最高の力）という概念を主軸にして構築されている近代国際社会において、〈力による決着〉を投げ捨てるということは、原理的に不可能なことだったのです。

また、この「戦争違法化」の思想は、アメリカ合衆国の制度を念頭におきつつ、国家間の争いを公正に裁く国際法廷にすべてをゆだねることを主張したのですが、これにも無理があった。というのも一国のうちで、各州が最高裁の判決に従うのは、国家が絶大な力を一手に握っているからに他なりません。国際社会で同様のことを求めれば、必然的に、世界大戦の勝者が敗戦国を裁く、というかたちにならざるをえない。第一次大戦後のヴェルサイユ条約では、戦勝国が敗戦国ドイツにすべての「戦争責任（war guilt）」を負わせ「侵略国」として断罪し、巨額の賠償金を科したのですが、これはもちろん、公平でも公正でもなく、また平和実現への道でもない。ただ、力がすべて、という発想にもとづくものでした。

当時、「戦争違法化」の論者たちは、ハッキリとその不当性を告発し、批判しました。戦争の勝者が敗者の裁き手になるということは、まさに戦争システムの「力の原理」そのものですから、これは当然の批判でした。しかし一方で「国際法廷」を現実に無力でないものにしようと思えば、必ずそれは勝者の運営するものとなる。自らの構想につきまとうこの矛盾を、戦争違法化論者たちはついに克服することができませんでした。

日本の「九条主義者」が本当にラディカルにその思想をきわめようとするならば、まずはこの「戦争違法化」論の先人たちによく学び、かつその論理的な葛藤をよくよく見極める必要があるでしょう。

隠された大ウソ――日本国憲法成立事情

いったいどうしてこんな条文がわが国の憲法のうちにまぎれこんでしまったのか――いま九条二項を読んできて、おさえがたく湧きあがってくるのがこの問いですが、それは明らかにこの憲法の成立事情と深くかかわっているのです。

現行日本国憲法は、昭和二十一年、敗戦後の日本が軍事占領のもとにあったとき、占領者である連合国総司令部の民政局職員たちが原案を作成し、それが翻訳され、多少の修正を受けて、日本の国会で承認されてできあがったものであり、この事実は、中学校の公民の教科書にも一通り語られていて、大方の人々が知っています。ただし、それがどれだけ深刻な問題なのかということについては、ほとんど知られていないと言ってよい。たとえば、よく言われる「押しつけ憲法」という言葉自体が、それをよくあらわしています。

たしかに近代成文憲法というものは、その国の人間が自主的につくるべきものであって、他国の人間たちに「押しつけ」られた憲法などというものは、あまり自慢になるものではない。しかしまァ、中身がよければかまわないではないか。何十年も昔の成立事情にこだわりつづけるのは、単なる感情論であって、そろそろもう、そんなこだわりは捨てるべきではないか――「押しつけ憲法」論をめぐっては、よくこんな言い方を耳にします。そして、こうした言い方は、ものごとにこだわらないわれわれ日本人にとって、まことにしっくりと耳になじむ言い方でもあります。

しかし、「感情論」どころではない。本来、自国に主権がない状態において占領者が与えた憲法などというものは、近代成文憲法の常識からして、とうてい認められるものではないのです。

当時の連合軍による日本占領は、いわゆる間接統治というかたちをとっていて、形式上は日本の国会も各省庁も機能しつづけているように見えました。しかし、もっとも肝心の「主権」――国内の政治における最終的な決定権――は連合国最高司令官、ダグラス・マッカーサーが握っている。昭和二十年九月二日に日本が署名した降伏文書には、ハッキリと「天皇及日本国政府の国家統治の権限」が連合国最高司令官に従属する、と書かれているのです（公式の日本語訳では「連合国最高司令官の制限の下に置かるるものとす」となっていますが、原語の subject to 〜は「〜に従属する」の意味であり、占領の実態もまさにそのとおりでした）。(注10)

そもそも近代民主主義憲法は、十八世紀末、アメリカ革命、フランス革命という二つの革命のあと、それぞれ両国で成文憲法典がつくられたのが出発点となっています。(注11) 言うならば、力と力の争いに勝って、「主権」を手に入れた者たちが、自らの政治決定権を発揮して制定する――これが近代民主主義憲法というものなのです。そしてだからこそ日本国憲法前文には、まず第一に「日本国民は、……われらとわれらの子孫のために、……ここに主権が国民に存することを宣言し、この憲法を確定する」と述べている。近代民主主義憲法にとって、これは欠くべからざる大事な一節なのです。

ところが、実際にはこの一節は完全な大ウソです。このとき、主権は日本国民に存してなどいなかった。主権が存していたのは連合国最高司令官であり、日本の国会における審議の全行程を監視しつづけ、それを許可し「確定」したのも最高司令官であった

――つまり現行日本国憲法は、そのもっとも重要な根底においてウソがあるのです。

しかもこのことは、当時の国民には一切知らされていませんでした。占領当初から、占領軍は厳重な言論統制をしいて、新聞、ラジオの事前検閲を徹底させていました。その結果、国民たちは、連合国総司令部の作成した憲法草案は「日本政府案」だと信じこまされていた。そして、そのウソを信じて投票をし、新憲法を祝ったのです。

「押しつけ憲法」の実態はこういうものでした。「自慢にならない」とか「感情論」といった話ではない。まさにあってはならない出来事――それが日本国憲法の成立事情だったのです。

しかも、「中身がよければ」どころではない。いま見たとおり、わが国の現行憲法のうちには、もしこれを条文どおりに守ったら、わが国にとっても世界にとっても、たいへん危険な事態となる、という条項が含まれています。そして、なぜこんなことになっているのかと言えば、まさにこの憲法が軍事占領下において旧敵国の占領者によってつくられたという成立事情が、深くかかわっているのです。

日本国憲法は「軍事憲法」

　このような成立事情にしっかりと目を向けてみるならば、憲法九条を理解するのにもっとも重要なことは、当時の日本国民の感情——もう戦争はこりごりだという痛切な実感——などではなくて、この憲法制定の主役である連合国最高司令官マッカーサーが何を考えてこれをつくったのかである、ということになります。

　もちろん、彼は自らに課せられた日本占領という仕事を大真面目にやりとげようとしていましたから、不必要に日本国民を憤激させるようなことは極力避ける方針でした。たとえば、英、豪の意見に従って、天皇陛下を戦犯として処刑したり、天皇制を廃止したりすれば、日本占領がたいへんな修羅場になってしまうことは明らかだった。これについては彼は断固として他の連合国の動きを拒絶しました。マッカーサーは、天皇陛下の存在が平穏な日本占領に不可欠の条件であることを、正しく見抜いていたのです。したがって日本国憲法の起草に際しても、彼はそのことに充分な注意をはらっています

(64ページに紹介する「マッカーサー・ノート」の一に、それがよくあらわれています)。

しかし、九条に関しては、これ自体、日本の軍事占領という任務にとってきわめて重要な意味を持つ事柄であって、ここでまず目を向けるべきことは、この規定が持つ軍事戦略上の意味なのです(日本の国民感情という点から言えば、当時の日本は、まさに九条二項の規定どおり、武装解除されて一切の交戦権を停止させられている状態ですから、これはいわば現状追認のような内容にすぎなかった。また実際、「もう戦争はこりごりだ」という国民感情もたしかに広がっていました。そんなわけで、この規定が日本国民の憤激をよんで占領をメチャメチャにしてしまうのではないかという懸念は、まったくなかったと言ってよい状況なのでした)。

あらためて確認しておきましょう。日本国憲法第九条は、何よりもまず、これをつくった占領者の軍事戦略に即して理解しなければならない――これは、戦後の日本国内の九条論争において、ほとんど完全に忘れ去られてきた視点ですが、これこそがもっとも重要なことなのです。

その視点から見るとき、第一に重要なのが、一九四五年九月二十二日、米大統領の承認をへて連合国最高司令官に「指針トシテ」与えられた「降伏後ニ於ケル米国ノ初期ノ対日方針」です。マッカーサーは占領地日本においては名実ともに独裁的主権者としてふるまっていましたが、本国との関係で言えば、彼も一軍人にすぎず、全軍の長たる大統領の指示には従わなければなりません。その指針には、次のようなことが盛りこまれていました。

降伏後ニ於ケル米国ノ初期ノ対日方針（一九四五年九月二十二日）

第一部　究極ノ目的

日本ニ関スル米国ノ究極ノ目的ニシテ当初ノ時期ニ於ケル政策ガ遵フベキモノ左ノ如シ。

a　日本国ガ再ビ米国ノ脅威トナリ又ハ世界ノ平和ト安全ノ脅威トナルコトナキ様保証スルコト。

b　他国家ノ権利ヲ尊重シ国際聯合憲章ノ理想ト原則ニ示サレタル米国ノ目的ヲ支持スベキ平和的且責任アル政府ヲ追テ樹立スルコト、米国ハ斯ル政府ガ出来得ル限り民主主義的自治ノ原則ニ合致スルコトヲ希望スルモ自由ニ表示セラレタル国民ノ意思ニ支持セラレザルガ如キ政体ヲ日本ニ強要スルコトハ聯合国ノ責任ニアラズ。（以下略）

ここには、彼らの占領の「究極ノ目的」として、a、b二つの目的が示されています。まずaの方。こちらはまことに単純明快です。いま日本は、さしあたり完全に武装解除されていて、米国にとっても、「世界ノ平和ト安全」にとっても、なんの脅威でもありません。しかし重要なことは、その状態を将来にわたって「保証スルコト」です。

もちろん表向きには、bに記されているような「平和的且責任アル政府」が樹立されれば、それで「保証」となるはずなのですが、米国政府も、そんな甘い話ではないことを承知しています。どんな「平和的」な政府であっても、戦わざるをえない状況におかれれば、対立する国家にとっての「脅威」となりうる。目下のごとく、自分たちが完全に日本の主権を握っているあいだに、日本の牙を抜いておくこと――これ以上確かな「保証」はないのです。少しでも論理的思考のできる人間なら、当然そう考えるでしょうし、これから見るとおり、連合国最高司令官マッカーサーも間違いなくそう考えたはずなのです。

これに対して、「究極ノ目的」bの方は、もう少し複雑です。一口に言えば、こちらは日本のごきげんとりをしておいて、むしろ将来、自分たちの味方につけよう、という意図をあらわしています。単に「平和的且責任アル政府」をつくればよいというのではない。「米国ノ目的ヲ支持」してくれるような政府をつくりたい、というのが彼らの次なる（贅沢な）願いです。

そのためには、ポツダム宣言の十二項にあった「日本国国民ノ自由ニ表明セル意思ニ従ヒ」という表現も、日本に「国民主権」の原理を押しつけようということではなく、日本人がいやがるような政治体制を日本に強要することはしないのだ、ということとして確認されます。

さらに、ここで「国際聯合《れんごう》憲章ノ理想ト原則ニ示サレタル米国ノ目的ヲ支持スベキ」政府、と記されているのが重要なポイントです。先ほども見たとおり、国連憲章は、不戦条約と同じく、自衛戦争と制裁戦争とを認める立場をとっています。日本がそれを本当に「支持」するとなれば、当然、制裁戦争にも加わらなければなりません。牙を抜かれた状態の日本では、絶対につとまらない役割がここでは求められているのです。

つまり、「究極ノ目的」aを実現しようとすれば、日本国憲法第九条二項の条文になる。bを実現しようとすれば、一項の条文になる。そして前文も、そのそれぞれに対応するかたちで内容が分裂している、ということになっているのです。(注12)

こんな矛盾する「究極ノ目的」をかかげた「対日方針」を承認し、マッカーサーに与えた米大統領も、ずいぶんいい加減だったと言わざるをえませんが、少なくともこのときの米国としては、aとbの優先順位は明らかでした。たしかに、旧連合国の仲間であったソ連の脅威が明らかになってきていたこの時期、bを捨てるわけにはいきませんが、まずはaが主目的です。敗戦国の牙をしっかりと抜いて、その脅威の可能性を将来にわたって完全に取り除いておくこと。敗戦国を軍事占領している最高責任者にとって、もっとも重要な指令と受け取るべきはこちらの究極目的であったに違いありません。

そして現に、マッカーサーは、この「究極ノ目的」aを、そのまま真っ直ぐに日本国憲法の草案に反映させたのです。

マッカーサー・ノートの真相

マッカーサー・ノート（一九四六年二月三日）

一、天皇は、国の元首の地位にある。

皇位は世襲される。

天皇の職務および権限は、憲法に基づき行使され、憲法に示された国民の基本的意思に応えるものとする。

二、国権の発動たる戦争は、廃止する。日本は、紛争解決のための手段としての戦争、さらに自己の安全を保持する手段としての戦争をも、放棄する。日本は、その防衛と保護を、今や世界を動かしつつある崇高な理想に委ねる。

日本が陸海空軍をもつ権能は、将来も考えられることはなく、交戦権が日本軍に与えられることもない。

三、日本の封建制度は廃止される。貴族の権利は、皇族を除き、現在生存する者一代以上には及ばない。
　華族の地位は、今後はどのような国民的または市民的な政治権力も伴うものではない。
　予算の型は、イギリスの制度にならうこと。

　昭和二十一年二月はじめ、いよいよＧＨＱ民政局が自分たちで日本国憲法の草案を書く、ということになったとき、起草作業にあたる民政局職員二十五名に指針として示されたのが、このマッカーサー・ノート（「マッカーサー三原則」とも呼ばれる）です。一と三とは、ご覧のとおり、起草にあたってのざっとの方針を示したというかたちのものですが[注13]、二だけは、これ自体がすでに条文のかたちをとっています。マッカーサーがいかにこの条項を重視していたかがよくわかると言えるでしょう。
　すぐ見てわかるとおり、これはほとんど現行日本国憲法第九条そのものですが、いくつかの部分が違っている。「日本は、その防衛と保護を、今や世界を動かしつつある崇高な理想に委ねる」の部分は、前文に回されて、冒頭の点線の傍線を引いた部分の文章となっています。「平和を愛する諸国民の公正と信義に信頼して、われらの安全と生存を保持しようと決意した」——これは九条二項の規定を支える「崇高な理想」として、戦後日本の平和思想を象徴する言葉とされてきました。しかし、この「諸国民」のなかにソ連国民が含まれていないことは、起草者にもわかっていたはずです。彼らが、わずか半年前、日ソ中立条約を破って日本領土であった南樺太に侵攻し、停戦協定の成立後も、兵士、住民を攻撃しつづけた、というような出来事を思い出すならば、これは「ウソ」の記述というより、ほとんどブラック・ジョークと言うべきものでしょう。

しかしなんと言っても一番重要なのは、この「さらに自己の安全を保持する手段としての戦争をも、放棄する」の部分です。ここでは、マッカーサーは仮そめにも「日本国憲法」の草案を書いているという意識を完全に捨てている。これはただ端的な「初期ノ対日方針」の「究極ノ目的」aそのものです。

これについてマッカーサー自身は『マッカーサー回想記』のなかで、この全面的な戦争放棄のアイディアは首相幣原《しではら》喜重郎が自ら言い出したものであり、彼はそれに深く感動し、共鳴してマッカーサー・ノートのうちにとり入れたのだと述べているのですが、研究者の多くはこの記述に疑問を抱いています(注14)。

また、もし仮にこれが真実であっても、このとき憲法制定の最高権力はマッカーサー自身が握っていたのであって、彼が敗戦国の首相の提案に感激したか否かなどということは、単なる一つのエピソードにすぎません。重要なのは、彼がいかなる戦略的構想にもとづいてあのマッカーサー・ノートを作成したのかということであって、それ以外ではないのです。

そして、いったい彼がいかなる構想を持っていたのか、と問いかけてみると、ここに一つ、新たな疑問がうかんできます。いくら「究極ノ目的」ａを達成するためと言っても、純粋に軍事戦略的な観点から見たとき、これはやはり「非現実的」すぎると思われるのです。

現行日本国憲法第九条では、この「自己の安全を保持する手段としての戦争をも」の部分は削られています。これを削ったのは、(先ほどちらりと話に出てきた)当時のＧＨＱの日本国憲法起草チームのリーダーをつとめていたケーディス大佐で、彼はこの部分は「現実的でない」「どの国家にも自己保存の権利がある」という考えにより削ったのだ、と証言しています。ケーディス大佐はロースクールを修了した弁護士でもあり、不戦条約も熟知していますから、こんな条文は、十数年前の不戦条約に関する「アメリカ合衆国政府公文」に真っ向から違反してしまう、と心得ていたに違いありません。

しかし、それと同時に彼が「現実的でない」と言ったのは、軍人としての見解も含まれていた可能性があります。すなわち、これほど完全に日本の牙を抜いてしまうと、この憲法は将来にわたって、日本を潜在的な軍事的空白地域にしてしまう。ことにソ連の脅威が懸念される極東地域に、そういう空白地域をつくることは絶対に避けなければなりません。そして、それを軍事的空白地域にしないためには、米軍基地を日本中におきつづける必要があり、おそろしくコストがかかってしまう。まさに「現実的でない」構想と言わねばなりません。

ただし、そうした事態を避けるには、いま見た一文を削るだけでは、実は不十分です。現在の九条二項にあたる、戦力不保持と交戦権の否認をすべて削らなければなりません。けれどもケーディス大佐にはそれは不可能でした。あの一文の削除すら、たまたま彼の修文が受け入れられたというだけであり、のちに彼は西修教授のインタヴューに答えて、「私は大佐です。軍事組織で大佐が直々《じきじき》に元帥にもの申すなど考えられません」と述べています。あの一文の削除が精一杯の限界だったと考えるべきでしょう。

日本の国会での審議の際に、全体を一項と二項に分けて、二項の冒頭に（一項によって二項の規定を解釈する可能性を持たせるように）「前項の目的を達するため」の一節を加える、いわゆる「芦田修正」が行われますが、これについてケーディスが何一つ文句を言わなかったというのも、なんとかこの条項を常識にかなったものにしたい、という気持ちのあらわれと見ることができます。

驚きのマッカーサー戦略

このように、マッカーサー・ノートの二項は、常識的に考えればきわめて危険な、戦略無視の内容としか思えないのですが、実はマッカーサー自身には、彼なりの戦略構想がありました。これについては、平成二十二年に刊行されて第四〇回吉田茂賞を受賞した、柴山太氏の著『日本再軍備への道』（ミネルヴァ書房）が詳しく語っています。この著書を参考にしながら、戦力不保持、交戦権否認の規定を支える、マッカーサーの戦略構想の大筋を見てみることにしましょう。

一口に言えば、日本列島の防衛については、沖縄に航空戦力を主体とした基地をつくり、そこに最低でも九発の原子爆弾を配備すれば、それで充分、ソ連の脅威に対してはそれ以上のことは必要ない――これがマッカーサーの考えなのでした。

第二次大戦直後の米国政府・軍部は、世界で初めて自分たちだけが所有し、使用した核兵器に対して、絶大な自信を持ち、期待を寄せていました。すでに当時から、米国にとっては対ソ連戦にどうそなえるかが、もっとも重要な戦略課題となっていたのですが、それについては、従来の戦略ではなく、航空機による核兵器攻撃を中心とする、という考えが有力でした。フィリピンを基本基地とし、沖縄を前進基地としてソ連の攻撃を核兵器で封じこめる――これが有力な構想であり、マッカーサーもそれを念頭において、あのマッカーサー・ノートを書いたわけなのです。

ところが一九四六年一月には、すでにこの構想はたちゆかないことが判明してしまいました。ソ連軍の行動を全面的に阻止するには一九六発の原爆が必要との試算が出ているのに、当時のアメリカの原爆ストックはたったの二発だったのです。一九四六年三月には、ワシントンの参謀本部は原爆だのみの戦略を捨て、第二次大戦型の戦略にもどっていました。

しかしマッカーサーは、一人その展開に背を向けて、初期の戦略に固執しつづけました。ソ連の脅威を抑えるには、日本全土に基地を配備したり、日本人自身に軍備を持たせるのではなく、沖縄にしっかりとした航空兵力の基地をつくり、そこに核兵器を配備すればよい――これが一貫して彼の戦略構想となっていました。そして、その戦略構想にもとづいて、あの戦力不保持、交戦権否認という九条二項の規定が生まれたのです。世界に先がけて武器を捨てる決意どころの騒ぎではありません。沖縄の永続的な米軍基地化と核兵器配備。それとセットになって初めて意味を持つのが、この日本国憲法第九条二項だったのです。

マッカーサーが、米軍の統合参謀本部からのたび重なる説得に、ようやく折れて、日本の「略奪的攻撃に対する自己防衛の権利」を認めたのは、一九五〇年六月二十三日、朝鮮戦争勃発の直前になってのことでした。また実際、その二日後に朝鮮戦争が始まってからは、彼自身、ソ連と中国共産党が相手の苦しい闘いを指揮するなかで、日本を完全非武装化するなどという自らの戦略構想の愚かしさを思い知ったはずなのです。

事柄の筋としては、日本国憲法第九条二項は、連合国最高司令官マッカーサーが、自らの最高の権力により、自らの戦略構想にもとづいて定めたものなのですから、その戦略構想の破綻が明らかになった時点で、潔くその誤りを認め、九条二項の削除を提案しなければいけないはずでした。

ところが先ほども見たとおり、連合国総司令部は自らが日本国憲法を作成したことを日本国民の目から(そして国際社会全体からも)完全に隠し、間接統治という占領体制を最大限に活用して、これを、日本政府による正式の大日本帝国憲法の改正憲法として制定させていました。そうなると、これをさらにもう一度改正させるということは至難の業です。しかも日本国内ではこの憲法は「平和憲法」として子供たちにも教えこまれ、ほとんど国是となってしまっていたのです。

また、仮にそうした事情がなかったとしても、マッカーサーという人物の性格からして、自らの戦略の誤りを日本国民に告白、謝罪して憲法改正を求めるなどということは、間違ってもありえなかったでしょう。

かくして、マッカーサーは一九五〇年七月、ただけろりとして日本が警察予備隊を十万人に増加することを許可し、やがて日本を去ってゆきました。その結果、わが国には日本国憲法が九条二項をかかえたまま残り、自衛隊はできたものの、常に苦しい憲法解釈を強いられ、違憲訴訟にさらされることになりました。また、占領中から米軍の軍事統治のもとにおかれていた沖縄は、一九五二年の「本土」の主権回復後も二十年近く、主権を奪われたままで過ごさなければならなかった。そしていまもなお、きわめて複雑なねじれたかたちで、沖縄の米軍基地問題が続いているのです。

恐怖の三点セット、
沖縄基地化・九条・核兵器

これまでの憲法論議のなかでは、こうした基本的事実が注目されることはほとんどありませんでした。いま紹介した柴山氏の著作はあくまでも日本再軍備へと至る道筋を米国側の豊富な資料を通じてうかび上がらせたものであって、憲法論ではありません。

管見するところ、憲法学者でこの問題を扱っているのは、平成十八年刊の古関彰一氏による『憲法九条はなぜ制定されたか』(岩波ブックレット)と、同氏の平成二十七年刊の著書『平和憲法の深層』(ちくま新書)くらいのものでしょう。氏はそこで、沖縄の恒久的な米軍基地化、「要塞化」と憲法九条とが密接に結びついていたことを指摘し、日本人の「九条観」において、憲法九条が「沖縄の基地化との関連で存在していることがすっぽりと抜け落ちて」しまっていることを歎いています。そして、その欠落の結果として、わが国の平和主義が「自国中心の、自分の国だけの平和主義として定着することになって」しまったと指摘するのです。(注15) 古関氏の著作では、もう一つ重要な、沖縄の米軍基地への核兵器配備、というマッカーサー構想のポイントが抜け落ちているのですが、それを補えば、氏の指摘は万全のものと言えることになるでしょう。

実際、もしも本当にきちんとした九条論議をしようとするならば、九条のこうした基本構想を知っておくのは不可欠のことです。

たとえばそれは、平成十六年に結成された有名な「九条の会」にとっても必要不可欠のことだったはずなのです。この会の目的は「日本国憲法九条の理念を護ること」にあるという。だとすれば当然、九条の「理念」がどのようなものかをしっかりと知らなければなりません。そうでなければそれを「護ること」も不可能だからです。

「理念」とは、単なる感情でもなければ「思い」でもなく、まして、各人がそこに勝手に投影する主張でもありません。そこに本来そなわっている構想《アイディア》こそ、まさしく「理念《アイディア》」と呼べるもののはずです。

その観点から見てみますと、いまわれわれが見てきたとおり、九条一項と二項では、その理念が大きく違います。九条一項の「理念」とは、自らは国際社会のルールに従って平和を守り、国際法を破ったり正義を踏みにじったりする者に対しては、他の国々と力を合わせて「正義と秩序を基調とする国際平和」を守る、ということに他なりません。これを「護ること」はきわめて重要であり、誰もがこれに賛同することでしょう。

他方で、もしも「九条の会」が目的とする「日本国憲法九条の理念を護ること」が、九条二項の理念を指しているのだとすると、これはたいへん奇妙なことになります。

それは、国家が国民の「生命、自由、幸福の追求」について一切の責任を負わない、という「理念《アイディア》」であるか、あるいは、国際社会のうちに軍事的空白地域をつくり出して平和を破壊する、という「理念」であるか、どちらとも考えられますが、いずれについても賛同する人はわずかでしょう。さもなければ、もう一つ、マッカーサー自身の構想《アイディア》どおり、沖縄を「本土」から切り離して一個の「要塞」となし、そこに核兵器を配備すること――これもまさしく「九条の理念」に他なりません。そして、これほど極端なパラドクスは、ちょっと想像がつかないほどです。というのも「九条の会」の発起人の一人である大江健三郎氏は、昭和四十五年の刊行以来、五〇刷以上を重ねるロング・セラーとなった『沖縄ノート』（岩波新書）において、まさに「沖縄を覆う核戦略体制」を鋭く糾弾しているのだからです。

この本は、いくつかの事実誤認が指摘され、多くの批難をあびた本でもありますが、沖縄返還を目前にして、「本土」では早くも「沖縄問題は終わった」という声が出始めているのに強く反撥し、もう一度しっかりと「沖縄問題」の根を見つめてみようとした著作であることは間違いありません。しかも大江氏自身、この本のなかで、（孫引きながら）マッカーサーのこんな言葉を引用しているのです。

「米国が沖縄を保有することにつき、日本人に反対があるとは思えない。なぜなら、沖縄人は日本人ではなく、また日本人は戦争を放棄したからである。沖縄に米国の空軍を置くことは、日本にとって重大な意義があり、あきらかに日本の安全に対する保障となろう」

もしも大江氏が、この発言の重大性にしっかりと着目していたなら、当時も、そしていま現在も続く「本土」と沖縄の間の深い亀裂が、マッカーサーのこの構想によってつくり出されたこと、そして、それがまさに「本土」の「（完全なる）戦争放棄」、すなわち日本国憲法第九条二項と不可分に結びついていることが見えたはずなのです。

もしもその洞察が「九条の会」全体で共有されていたならば、「九条の会」は現在ある姿とはまったく違ったものとなっていたに違いありません。

九条論議が不毛になった「原点」

　しかしこれは、単に「九条の会」だけの問題ではありません。いったいなぜわれわれは、このような九条をめぐる基本的事実から目を背けたまま、戦後七十年間を過ごしてきてしまったのか。これは最後にぜひとも問わなければならない重要な問いです。

　たとえば、せっかく「九条を可能にした沖縄の基地化」という問題を問題として取り上げている古関彰一氏ですら、それを九条論議の核心へと結びつけようとはしていない。つまり、九条二項の戦力不保持、交戦権否認という規定の異常さが、沖縄の基地化と核兵器配備という苛酷な構想を必要としたわけなのですが、氏はその問題には一言もふれておられないのです。

　そのかわり、あたかも自らの奇妙な遠慮ぶりを説明するかのように、古関氏は同じ岩波ブックレットのなかで、こんなことを述べています。

「憲法九条はどのような理由から制定されたのか、あらためて、原点に返って確認する必要があります。憲法九条は、単に日本が戦争をしないというだけではなく、日本が二度と戦争しないことを連合国、あるいはアジアの戦争被害国にたいして誓った誓約書でもあるのです」

実は、まさにこれこそが憲法九条の「原点」であり、この「原点」こそが、一切の客観的な九条論議を不可能にしています。すなわち、日本は「悪い戦争」をした国であり、一個の犯罪国家として、あらゆる戦力を投げ捨てなければならない、という意識が、すべての論の大前提となってしまっているのです。

この「原点」を、古関氏は「戦争責任」という言葉でも表現しています。「豆知識④」でもふれましたが、「戦争責任《ウオー・ギルト》」とは、第一次大戦後のヴェルサイユ条約において初めて出現した概念です。正確にはどのような意味の言葉かと言うと、世界規模の大戦争が起こったとき、その戦争勃発のすべての責任を敗戦国に負わせ、その戦争のもたらしたすべての被害の責任を敗戦国にありとする——そういう概念なのです。客観的で公正な歴史検証が行われ、その結果として「戦争責任《ウオー・ギルト》」を問われるのではない。敗戦国は自動的に「戦争責任」を負うのです。(注16) これは第一次大戦後だけの話ではありません。第二次大戦の戦後処理においても、この概念はそっくりそのまま引き継がれました。わが国が現実にいかなる経緯で第二次大戦に突入したのかということとはかかわりなく、敗戦国日本には自動的に「戦争責任《ウォー・ギルト》」の罪がかぶせられたのです。

この「戦争責任《ウォー・ギルト》」の観点からすれば、まさに古関氏の言うとおりということになります。悪い戦争をした犯罪国家は、牢獄に閉じこめられるかわりに、戦力不保持、交戦権否認という誓約のうちに閉じこめられる。したがってこの九条二項を少しでも変えることは、犯罪者の脱獄と同じ意味を持つ、ということなのです。憲法九条がこのようなものであるなら、この「誓約書」についてあれこれ言うことは許されない――戦後の九条論議の不毛の根を、ここまであからさまに語った文章も少ないと言えるでしょう。

ところが一方では、この「誓約書」が、単なる「パスポート」（犯罪国家の仮出所の証明書）であるだけでなく、世界に誇る平和憲法なのだと古関氏は言います。「いま、私たちが軍事によらない平和を創造すること、それは私たちの歴史責任であるとも言えましょう。そのためにも、憲法九条は必要なのです」――氏はブックレットをこうしめくくっています。これがいかにとんでもないパラドクスであるかに、氏は気がついてい

ません。(注17)

「軍事によらない平和」——あの「戦争違法化」論者たちによれば、それは断じて戦勝者たちが自らの利益のためにつくり上げる平和であってはならないはずです。戦勝国が敗戦国を断罪し、その「犯罪国家」をしばるための「誓約書」を強要する——これこそはまさに「軍事による平和」そのものだと言うべきでしょう。そのようにしてできあがっている憲法九条が、現在の日本では「軍事によらない平和」の象徴とされている。わが国の「反知性主義」は、まことに憂慮すべきレヴェルに達していると思われます。まずはここから改善してゆく必要があるでしょう。

正しい憲法改正論議のために

日本国憲法は昭和二十一年の制定以来、一度も改正されていません。どこも改正されぬままに保たれている年数で言うと、日本国憲法はいまや世界で最古の憲法、ということになるのだそうです。だから一刻も早く改正しなければならない、と言う人もあります。しかし、日本国憲法について、かくも根深い無知と思考停止が居座っている間は、正しい改正論議も難しいと言わざるをえません。この二十世紀以来の世界の歴史を正しくふり返り、そのなかに憲法九条を正確に位置づけること。そのうえで、しっかりと九条を読み直すことが必要なのです。

注

注1――憲法学で一般に言われるのは、憲法にとっては「安定性」がきわめて重要であるが、同時に「可変性」ということも必要不可欠である、ということです。つまり、国の基本をなすべき最高法規である憲法が、毎年くるくる入れかわるようでは、国の政治は混乱してしまいますが、他方で、時々刻々と変化することの現実世界とかけはなれた憲法典が、いつまでも硬直して居座ったままでは、これもたいへん困ったことになる。むしろ、あまりにも硬直した不変の憲法典は、かえって真の安定性に欠けるとも言えるのです。

その「可変性」を保つために、多くの憲法は小さな改正をくり返します。たとえば一九四九年制定のドイツ連邦共和国基本法は、二〇一三年までに五九回の改正を重ねている。改正回数の少ないオーストラリア憲法でも、一九四五年以来五回の改正がありました。一九四六年の制定以来、一度も改正を行っていない日本国憲法が「世界最古」と呼ばれるのも、それゆえのことです。

憲法の「可変性」を保つためには、憲法改正しか方法がないわけではありません。現行憲法の前の大日本帝国憲法も、制定以来五十六年間、一度も改正が行われなかったのですが、これは条文がきわめて簡潔で、重要な原則だけを明確に示し、細かい具体的なところは法律で定めるようにしてあったためなのです。これを「簡文主義」と呼んだりすることもありますが、こうしたかたちで「可変性」を保つという方式もあるのです。現行日本国憲法の場合は、帝国憲法ほどではありませんが、どちらかと言えば、簡文主義のタイプの憲法典だと言えます。

もしもこうしたタイプの憲法において、憲法解釈をも変えないままにしておいたなら、まさしく「可変性」に欠ける硬直した憲法になってしまい、かえって「安定性」を危うくしてしまうことにもなりかねません。これまで「解釈改憲」という言葉はもっぱら悪い意味でばかり使われてきましたが、改正のかわりに解釈を柔軟に変えてゆくことで憲法の「可変性」を保ち、ひいては憲法の「安定性」を高める、という道は充分にありうるのです。

そして、それでもなお追いつかないほど憲法の条文がひどい場合——その場合には迷わず憲法改正の道筋を選ぶべきでしょう。

注2—実際には、二項の条文の冒頭に「前項の目的を達するため、」という一言があって、一項と二項とは関連づけて読むべきである、というかたちになっています。これは、憲法改正小委員会で、芦田均委員長の提案によってつけ加えられた文言なので、その名をとって「芦田修正」とも呼ばれています。これによって、二項の内容を一項の内容によって限定することができるようになった、とする解釈が一般的です。つまり戦力不保持も交戦権否認も、一項の内容と矛盾しないかぎりでのことだとする解釈です。

しかしこれがずいぶんと無理のある「修正」であることは確かなのです。その「芦田修正」の苦しさを正しく見てとるためにも、ここではあえて、この一言をはずして、一項と二項をそれぞれ見てゆきたいと思います。

注3―西洋の近代国際法の歴史は、十五、六世紀の神学者・法学者、スアレスやビトリアといった人々の著作から始まっています。そこでは、キリスト教の神の教えに照らして、はたして戦争は許されるものなのか、またどのような戦争なら許されるのか、ということが大きなテーマとなっていました。そして、そこでの結論も、自衛戦争と制裁戦争は許される、ということであって、二十世紀の戦争観は、大筋において、その伝統を引き継いでいると言うことができるのです。

注4―実は厳密に言うと、一項の内側にも、大きな矛盾がひそんでいます。現行憲法第九条一項の条文にある「国権の発動たる戦争」という言葉は、最初の草案――占領者によって英語で書かれた草案――においては“war as a sovereign right of the nation”という表現になっている。直訳すれば「国家の主権的権利としての戦争」、くだいて言えば「国家の主権を維持する（当然の）権利としての戦争」ということになります。しかし、こう訳してしまったら、あまりにも露骨に、前文との矛盾が目立ってしまう。それを目立たないようにするために、このちょっとわかりにくい「国権の発動たる戦争」という訳が選ばれたのだと思われます。

なぜこんな表現がしのびこんでいるかと言えば、あとで述べるとおり、もともとこの草案のもととなった「マッカーサー・ノート」には「自己の安全を保持する手段としての戦争をも」放棄する、とあったのですが、さすがにそれはあまりにも常識はずれの規定だとして、草案起草チームの責任者、ケーディス大佐が削除します。この「国家の主権的権利としての戦争」の放棄という表現は、明らかにこのマッカーサー・ノートに由来したものなのです。ただし、ケーディス大佐もこの表現を変えるところまでは手が回らなかったものと見えます。

そんなわけで、一項のうちにも、二項と同様のとんでもない発想の一部がもぐりこんでいる。これも、日本国憲法第九条成立の「闇」を伝える証拠の一つと言うことができるでしょう。

注5―たとえば、平成十年発行の『国際法辞典』(有斐閣)では、「交戦区域」「交戦国」「交戦資格」「交戦手段」「交戦団体」「交戦法規」といった項目は並んでいるのですが、「交戦権」という項目はありません。そのなかで、「交戦国」については「戦争」の項目を、「交戦資格」については「正規軍(正規兵)」の項目を、「交戦法規」については「戦時国際法」の項目を見るようにといった指示があるのですが、「交戦権」についてはそれさえもない。まさに、ロースクールの出身者が、そんな言葉は聞いたこともない、と言う幻の用語なのです。

注6―したがって、現在の政府解釈では、この九条二項の交戦権の否認は、基本的な自衛権を認めたうえでの、中立国の船舶の臨検の権利などといった、ごく限定的な交戦権の否認にとどまる、とされています。

注7―この分野の研究では、駒沢大学名誉教授の西修氏が開拓者であり、かつ第一人者なのですが、氏の研究を参照して書かれたこの辻村氏の著書は、ある意味できわめて典型的な平和憲法礼賛者の姿勢を示していて興味深いものがあります。

注8―詳しくは拙著『民主主義とは何なのか』(文春新書)の第四章をご参照ください。

注9―他方で、これとは正反対の考え方があります。いわゆる「平和的生存権」と呼ばれるものがそれです。

これは直接には、日本国憲法前文の「われらは、全世界の国民が、ひとしく恐怖と欠乏から免かれ、平和のうちに生存する権利を有することを確認する」という一節をもとに考えられたもので、これと九条二項の戦力不保持、交戦権の否認、その結果としての全面的な戦争放棄、という解釈とを組み合わせて主張されるのがふつうです。

たとえば辻村みよ子氏は『比較のなかの改憲論』において、従来さまざまの国際条約で語られてきた「平和への権利」は、全面的な戦争放棄にもとづいたものではなかったのに対して、日本国憲法は戦争の全面放棄と非武装にもとづいて「平和的生存権」を語っているのが特色である、と誇らしく語っています。

しかし、これはやはり「権利」という言葉の誤用と言わなければなりません。というのも、憲法典でなんらかの「権利」をかかげる以上、それが保障されなければ意味がないからです。

たとえば日本国憲法第二十五条一項の「すべての国民は、健康で文化的な最低限度の生活を営む権利を有する」という規定は、いわゆる「生存権」を定めたものとして知られていますが、これはただこのように宣言しているだけではない。生活保護、国民健康保険などの制度によって、いろいろとそれを保障する道筋をそなえたうえで、このように定められているのです。ところがこの「平和的生存権」規定に関しては、いま見たとおり、国家自身が、それを保障するための手段を手放してしまっている。しかもこの前文は、「全世界の国民」にそれを保障するのだと宣言しているのですから、これはどう見ても誇大妄想と言うほかはありません。

これについて、「少なくとも現段階での世界諸国民のほとんどは、自らの平和を国家武装によって実現しようとして」いるのだということを忘れてはいけない——『恒久世界平和のために』（勁草書房）の

「平和的生存権」の「国際化」に向けて」と題する論文中で、横田耕一氏はこう指摘しています。耳を傾けるべき意見でしょう。

注10―この問題について、『新憲法の誕生』(中公叢書)の著者、古関彰一氏は、「なにも日本側が一枚岩であったわけでも、米国政府＝GHQが一枚岩であったわけでもない」「日本国憲法はモザイク模様なのである」と述べて、「押しつけ」の事実をあまり単純化してとらえてはならない、といさめています。

たしかに、日本政府も、ソ連が牛耳る極東委員会が乗り出してきたらば、GHQ案とは比較にならぬほどひどい憲法を押しつけられることがわかっていましたから、自らすすんでマッカーサーに協力した、という事情がありました。また、よく引き合いに出される民間の憲法草案――高野岩三郎、鈴木安蔵を中心とする「憲法研究会」の草案――がGHQ案に多少の影響を与えたのも事実です(いわゆる「国民主権」のイデオロギーは主としてフランス憲法学の伝統であり、英米法の発想ではなかったのですが、これが、日本国憲法にとり入れられたのは、フランス憲法学を学んだ鈴木安蔵の考えが採用されたのだと考えられます)。

しかし、こうしたさまざまの「モザイク模様」があったにせよ、すべての事柄についての最終決定権は連合国最高司令官マッカーサーの手に握られていた、ということを忘れてはなりません。近代成文憲法においては、その憲法制定の「最高の力」がどこにあったのか、ということこそが最重要であり、しかも日本国憲法の場合は、それは単なる形式論ではなく、実質をともなった「憲法制定権力」だったのです。

注11—実は世界で最初の憲法は、いわゆる不文憲法としての英国憲法であり、アメリカ憲法もフランス憲法も、それを間接的な手本としてつくり上げられたものなのです。この事実は一応心得ておく必要があります。

注12—ある意味では当然のことながら、当時の米国政府の内側には、対日強硬派と日本を同盟国化しようとする意見との対立があり、占領期を通じて、一方が優勢になったり、また逆になったりということがくり返されていました。このaとbも、その一つのあらわれと見ることができます。

注13—この「マッカーサー・ノート」なるものは、決して日本国憲法全般についてのマッカーサーの指令を述べたものではありません。これに先立って本国から送られてきた指令文書SWNCC228に、すでにほとんどの事柄についての方針が記されていたのですが、そこにもれていた事項（「二」はこれにあたります）、彼に判断がゆだねられていた事項（「一」がこれにあたります）、などについて補足したのが、この「ノート」なのです。したがって、よく言われているように、天皇制を残すから九条案を呑め、というたかたちでGHQ案が日本政府に押しつけられたわけではない。それらは別々の案件だったのです。

注14—たとえば佐々木髙雄氏の著作『戦争放棄条項の成立経緯』（成文堂）は、広く伝えられている「幣原発案説」がいかに矛盾しているかについて、さまざまの資料を分析し、こまかな考察を展開しています。

注15—このブックレットのなかで、古関氏はちょっと奇妙な話を紹介しています。この「沖縄基地化」は昭和天皇のご提案だったというのです。

古関氏がそこで紹介しているのは、進藤榮一氏の論文「分割された領土」（昭和五十四年「世界」に発表）です。そこには、昭和二十二年九月、宮内府御用掛の寺崎英成がGHQ政治顧問シーボルトに伝え、シーボルトが米国務省に報告したという「天皇メッセージ」なるものが紹介されています。

その内容は、天皇陛下が「沖縄を始め琉球その他の諸島を軍事占領し続けることを希望している」ということ。さらに沖縄占領は、(いわゆる信任統治のようなかたちではなく)主権を日本に残したかたちで長期の貸与というかたちにした方がよい、ということだったというのです。

古関氏は、あたかもこの「天皇メッセージ」のおかげでマッカーサーの「沖縄基地化」が確実になったかのような書きぶりなのですが、進藤氏自身は著書『分割された領土』(岩波現代文庫)のなかで、この「メッセージ」をあまり過大評価してはならない、これはあくまでも当時のせめぎ合っていたさまざまの要因の一つにすぎない、と断っています。

しかしそれ以前に、このメッセージがはたして本当に昭和天皇ご自身の発せられたものであるか否かについて、確証はないのだということを確認しておく必要があります。これは寺崎氏が単独でシーボルトに伝えたものであり、陛下ご自身がそこにおられたわけではない。これが寺崎氏自身の作文、あるいは陛下の語られた一般論を大幅にふくらませたものであるという可能性は充分に考えられる。というのも、彼は御用掛と言っても外務省の出身であり、総司令部の意向についても充分に理解し、呑みこんでいたからです。この「メッセージ」は、古関氏の言うとおり、まさにマッカーサーの軍事戦略にかなうものであり、むしろ、あまりにもぴたりとかないすぎているとすら言えます。そして何より、原爆の配備とセットになった構想であったことを考えると、これはますます信用度の低い話と見るべきでしょう。

注16—拙著『正義の喪失』(PHP研究所 電子書籍)のなかの、同題の論文をご参照ください。

注17―この「パラドクス」については、『恒久世界平和のために』（勁草書房）のなかの樋口陽一氏の論文「立憲主義展開史にとっての一九四六年平和主義憲法――継承と断絶」が鋭い指摘を行っています。すなわち、「正義のための戦争」を否定しているはずの九条二項が、連合国の主張する「正しい戦争」に屈服して成り立っていることをどう考えるのか、という問題提起です。これは、今後の九条論においてさらに深く論じられるべき問題と言えるでしょう。

参考文献

『憲法』芦部信喜著（岩波書店）
『憲法学』芦部信喜著（有斐閣）
『いちばんよくわかる！　憲法第9条』西修著（海竜社）
『憲法改正の論点』西修著（文春新書）
『日本国憲法成立過程の研究』西修著（成文堂）
『憲法の常識　常識の憲法』百地章著（文春新書）
『国際条約集』大沼保昭他編（有斐閣）
『戦争責任論序説』大沼保昭著（東京大学出版会）
『民主主義とは何なのか』長谷川三千子著（文春新書）
『国際法辞典』筒井若水編（有斐閣）
『比較のなかの改憲論』辻村みよ子著（岩波新書）
『戦争違法化運動の時代』三牧聖子著（名古屋大学出版会）
『新憲法の誕生』古関彰一著（中公叢書）
『憲法「押しつけ」論の幻』小西豊治著（講談社現代新書）
『戦後史資料集』塩田庄兵衛他編（新日本出版社）

『戦争放棄条項の成立経緯』佐々木高雄著（成文堂）
『マッカーサー回想記』D・マッカーサー著、津島一夫訳（朝日新聞社）
『憲法改正小委員会秘密議事録』森清監訳（第一法規出版）
『日本再軍備への道』柴山太著（ミネルヴァ書房）
『憲法九条はなぜ制定されたか』古関彰一著（岩波ブックレット）
『平和憲法の深層』古関彰一著（ちくま新書）
『分割された領土』進藤榮一著（岩波現代文庫）
『沖縄ノート』大江健三郎著（岩波新書）
『恒久世界平和のために』深瀬忠一他編（勁草書房）

著者略歴

長谷川三千子《はせがわみちこ》

昭和二十一年、東京都生まれ。
東京大学文学部哲学科卒業、同大学院博士課程中退。
東京大学文学部助手などを経て、埼玉大学教授。
平成二十三年退職、現在、同大学名誉教授。
『からごころ――日本精神の逆説』(中公文庫)、
『バベルの謎――ヤハウィストの冒険』(中公文庫、和辻哲郎文化賞)、
『民主主義とは何なのか』(文春新書)、『神やぶれたまはず――
昭和二十年八月十五日正午』(中央公論新社)など著書多数。

幻冬舎新書 388

九条を読もう!

二〇一五年 九月 十日 第一刷発行
二〇一五年十二月二十日 第三刷発行

著者 長谷川三千子

発行人 見城 徹
編集人 志儀保博
発行所 株式会社 幻冬舎
〒一五一－〇〇五一 東京都渋谷区千駄ヶ谷四－九－七
電話 〇三－五四一一－六二一一(編集)
〇三－五四一一－六二二二(営業)
振替 〇〇一二〇－八－七六七六四三
ブックデザイン 鈴木成一デザイン室
印刷・製本所 中央精版印刷株式会社

Printed in Japan ISBN978-4-344-98389-2 C0295
は-11-1
幻冬舎ホームページアドレス http://www.gentosha.co.jp/
*この本に関するご意見・ご感想をメールでお寄せいただく場合は、comment@gentosha.co.jp まで。